Nelligan

DU MÊME AUTEUR

THÉÂTRE

En pièces détachées, Leméac, 1970.
Trois petits tours, Leméac, 1971.
À toi, pour toujours, ta Marie-Lou, Leméac, 1971; Leméac/Actes Sud-Papiers, 2007.
Les Belles-Sœurs, Leméac, 1972; Leméac/Actes Sud-Papiers, 2007.
Demain matin, Montréal m'attend, Leméac, 1972; 1995.
Hosanna suivi de *La Duchesse de Langeais*, Leméac, 1973; 1984.
Bonjour, là, bonjour, Leméac, 1974.
Les héros de mon enfance, Leméac, 1976.
Sainte Carmen de la Main, Leméac, 1976.
Damnée Manon, sacrée Sandra suivi de *Surprise! Surprise!*, Leméac, 1977.
L'impromptu d'Outremont, Leméac, 1980.
Les anciennes odeurs, Leméac, 1981.
Albertine en cinq temps, Leméac, 1984; Leméac/Actes Sud-Papiers, 2007.
Le vrai monde ?, Leméac, 1987.
La maison suspendue, Leméac, 1990.
Le train, Leméac, 1990.
Théâtre I, Leméac/Actes Sud-Papiers, 1991.
Marcel poursuivi par les chiens, Leméac, 1992.
En circuit fermé, Leméac, 1994.
Messe solennelle pour une pleine lune d'été, Leméac, 1996.
Encore une fois, si vous permettez, Leméac, 1998.
L'état des lieux, Leméac, 2002.
Le passé antérieur, Leméac, 2003.
Le cœur découvert – scénario, Leméac, 2003.
L'impératif présent, Leméac, 2003.
Bonbons assortis au théâtre, Leméac, 2006.
Théâtre II, Leméac/Actes Sud-Papiers, 2006.
Le Paradis à la fin de vos jours, Leméac, 2008.

Michel Tremblay

Nelligan

livret d'opéra

LEMÉAC

Photographie de la couverture : Joshua Kessler

Toute adaptation ou utilisation de cette œuvre, en tout ou en partie, par quelque moyen que ce soit, par toute personne ou tout groupe, amateur ou professionnel, est formellement interdite sans l'autorisation écrite de l'auteur ou de son agent autorisé. Pour toute autorisation, veuillez communiquer avec l'agent autorisé de l'auteur : John C. Goodwin et ass., 839, rue Sherbrooke Est, bureau 200, Montréal (Québec) H2L 1K6. (artistes@goodwin.agent.ca, www.agencegoodwin.com)

Leméac Éditeur remercie le ministère du Patrimoine canadien, le Conseil des arts du Canada, la Société de développement des entreprises culturelles du Québec (SODEC) et le Programme de crédit d'impôt pour l'édition de livres du Québec (Gestion SODEC) du soutien accordé à son programme de publication.

Tous droits réservés. Toute reproduction de cette œuvre, en totalité ou en partie, par quelque moyen que ce soit, est interdite sans l'autorisation écrite de l'éditeur.

ISBN 978-2-7609-0183-4

© Copyright La Corporation des éditions Fides pour les poèmes
Le Vaisseau d'Or et *La Romance du vin.*
© Copyright Ottawa 1990 par Leméac Éditeur
4609, rue d'Iberville, 3ᵉ étage, Montréal (Québec) H2H 2L9
Dépôt légal – Bibliothèque et Archives nationales du Québec, 1990

Imprimé au Canada

NOTICE BIOGRAPHIQUE

Michel Tremblay est né le 25 juin 1942 à Montréal dans un quartier populaire. Après sa 11e année il s'inscrit aux Arts graphiques et de 1963 à 1966 il exerce le métier de typographe à l'Imprimerie judiciaire. Sa première pièce, *Le Train*, qu'il a écrite à dix-sept ans, remporte en 1964 le premier prix du concours des Jeunes Auteurs de Radio-Canada.

En 1965, Michel Tremblay écrit *Les Belles-Soeurs*. Cette pièce est créée en 1968 par le théâtre du Rideau Vert à Montréal et sera produite à Paris en 1974 par la compagnie des Deux Chaises. Depuis le succès des *Belles-Soeurs*, Michel Tremblay se consacre entièrement à l'écriture. Parmi ses pièces les plus marquantes, créées à Montréal, mentionnons: *En pièces détachées* en 1969; *À toi pour toujours ta Marie-Lou* en 1971, reprise en 1974; *Hosanna*, créée en mai 1973, et présentée en 1974 à Toronto et à New York en 1975; *Bonjour là, bonjour* en 1974, reprise en 1980 par le théâtre du Nouveau Monde. En 1976, la compagnie Jean-Duceppe crée *Sainte Carmen de la Main*, jouée en anglais à Toronto en 1978 et reprise en français par le théâtre du Nouveau Monde à la fin de la saison 1978; *Damnée Manon, sacrée Sandra* en 1976, reprise en 1980. En avril 1980, la pièce *L'Impromptu d'Outremont* est créée à Montréal au théâtre du Nouveau Monde. Depuis, il a fait jouer *Les Anciennes Odeurs* en 1981, *Albertine en cinq temps* en 1984, *Le Vrai Monde?* en 1987, l'opéra *Nelligan* et *La Maison suspendue* en 1990; en 1992 a été créée *Marcel poursuivi par les chiens*, en 1994 le pamphlet *En circuit fermé* et, en 1996, *Messe solennelle pour une pleine lune d'été*.

Michel Tremblay a publié en 1978 le premier ouvrage des Chroniques du Plateau Mont-Royal, *La grosse femme d'à côté est enceinte*. Le deuxième roman de ce cycle romanesque, intitulé *Thérèse et Pierrette à l'école des Saints-Anges*, est publié en 1980. Le troisième, *La Duchesse et le Roturier*, est paru en 1982. La même année, un quatrième roman venait s'ajouter au cycle: *Des Nouvelles d'Édouard*. En 1989 paraissait le cinquième tome des Chroniques, *Le Premier Quartier de la lune*, et en 1997 le sixième, *Un objet de beauté*.

En 1986, il publie *Le Coeur découvert*, roman d'amours, suivi, en 1993, du *Coeur éclaté*. En 1990, il entreprend un triptyque de souvenirs personnels à propos du monde du cinéma avec *Les Vues animées*, du théâtre avec *Douze coups de théâtre* (1992), et des livres avec *Un ange cornu avec des ailes de tôle* (1994). En 1995, il fait paraître *La Nuit des princes charmants*, suivi en 1997 de *Quarante-quatre minutes, quarante-quatre secondes*.

Il a reçu en 1974 le prix Victor-Morin décerné par la société Saint-Jean-Baptiste de Montréal. En 1976, i s'est vu attribuer la médaille du Lieutenant-Gouverneur de la province de l'Ontario. Il fut plusieurs fois titulaire d'une bourse du Conseil des Arts. En 1981, il reçut le prix France-Québec pour *Thérèse et Pierrette à l'école des Saints-Anges*. En 1984, il a été nommé Chevalier de l'Ordre des Arts et des Lettres de France. En 1986, il a reçu le prix Chalmers pour *Albertine en cinq temps*. En 1988, il reçoit le prix Athanase-David pour l'ensemble de son oeuvre. Pour son livre *Un ange cornu avec des ailes de tôle*, il a reçu le prix Louis-Hémon, le prix du Signet d'or de Radio-Québec, le prix du Grand Public du salon du livre de Montréal et le grand prix des Libraires décerné par le salon du livre de Québec.

NELLIGAN

Pour André Gagnon
l'instigateur et l'âme de cette exaltante aventure

CRÉATION ET DISTRIBUTION

L'opéra *Nelligan* d'André Gagnon (musique) et de Michel Tremblay (livret) a été créé par l'Opéra de Montréal le 24 février 1990, à la salle Louis-Fréchette du Grand Théâtre de Québec, et le 1er mars 1990 à la salle Maisonneuve de la Place des Arts de Montréal ; la mise en scène était d'André Brassard, assisté de Claude Perron, les décors de Claude Goyette, les costumes de Meredith Caron et les éclairages de Claude Accolas. La distribution était la suivante :

Émile jeune	Yves Soutière
Émile vieux	Michel Comeau
Émilie Nelligan	Louise Forestier
Françoise	Renée Claude
Éva	Dympna McConnell
Gertrude	Marie-Jo Thério
David Nelligan	Jim Corcoran
Charles Gill	Loui Mauffette
Arthur de Bussières	Daniel Jean
Le père Eugène Seers	Roger Bellemare
Un visiteur	Jean Archambault
Une religieuse	Brigitte Portelance

PREMIÈRE PARTIE

SCÈNE 1

Montréal, 1941, hôpital Saint-Jean-de-Dieu.

Un homme d'une soixantaine d'années entre sur le plateau vide en poussant un grand chariot de linge sale.
C'est Émile Nelligan vers la fin de sa vie.
Il est suivi d'une religieuse.
Un visiteur, qui visiblement l'attendait, l'arrête au passage.

LE VISITEUR
(parlé)
Monsieur Nelligan ?

Émile vieux ne réagit pas et continue à pousser son chariot.

Monsieur Nelligan...

La religieuse le tire par la manche.

LA RELIGIEUSE
(parlé)

Nous avons un visiteur, monsieur Nelligan, il faut lui parler.

Émile vieux lève lentement la tête.

ÉMILE VIEUX
(parlé)

Monsieur...

LE VISITEUR
(parlé)

Vous êtes notre poète national... *(Nelligan se redresse un peu.)* J'ai mis quelques-unes de vos poésies à l'étude... Je suis professeur de littérature, voyez-vous...

ÉMILE VIEUX
(parlé)

Professeur de littérature... C'est bien... J'ai moi-même fait de la littérature, autrefois. J'étais poète.

Le visiteur regarde la religieuse qui lui fait un petit signe d'impuissance. Silence gêné.

LE VISITEUR

Vous serez toujours un très grand poète, monsieur Nelligan.

ÉMILE VIEUX
(parlé)

Vous voulez me demander de réciter « Le Vaisseau d'or », comme tous les autres, n'est-ce pas ? C'est là le but de votre visite ?

Autre silence.

LE VISITEUR
(parlé)

Oui, en effet, je ...

ÉMILE VIEUX
(plutôt gentiment)

Il faut oser, monsieur... Il faut oser...

Il s'appuie d'une main sur le chariot, comme si c'était un piano.

« Ce fut un grand navire... »

Il s'arrête. Il semble indécis.

Non... *(Il reprend.)* « C'était un grand navire... » *(Il s'arrête encore, affolé.)* Non.

LA RELIGIEUSE
(parlé)

Vaisseau...

ÉMILE VIEUX
(parlé)

Comment ?

LA RELIGIEUSE
(parlé)
Pas navire... vaisseau.

ÉMILE VIEUX
(parlé)

Ah ! oui, bien sûr... Le *vaisseau* d'or... *(Il reprend.)* « C'était un grand Vaisseau taillé dans l'or massif... »

Il bloque encore. Il en est bouleversé.

Je ne sais plus...

Le visiteur s'approche tout près de lui.

LE VISITEUR

Rappelez-vous :
« C'était un grand Vaisseau taillé dans l'or
    massif :
Ses mâts touchaient l'azur, sur des mers
    inconnues ;
La Cyprine d'amour, cheveux épars, chairs
    nues,
S'étalait à sa proue, au soleil excessif. »

La musique commence doucement, comme née des paroles du visiteur.

Rappelez-vous... rappelez-vous...

Des personnages du passé d'Émile paraissent : lui-même à dix-neuf ans, sa mère, Émilie, son père, David, ses deux sœurs, Gertrude et Éva, son amie journaliste, Françoise, le père Eugène Seers, et deux de ses amis poètes, Arthur de Bussières et Charles Gill.

La religieuse disparaît aussitôt.

Émile jeune prend Émile vieux par la main et l'entraîne dans son passé. Au lieu d'être visité par son passé, Émile vieux, pendant tout l'opéra, le visitera donc lui-même.

Le décor change pendant qu'on entend le thème de Cacouna.

SCÈNE 2

Cacouna, fin des années 1890.

Émilie et David sont sur une véranda.

Les deux Émile, Gertrude et Éva sont sur la plage. Le ciel est immense.

DAVID
My son ! A poet !

ÉMILIE
S'il vous plaît, David, plus bas !

ÉMILE JEUNE
Regardez! La mer! Enfin, la mer!

ÉVA
Why do you always call it the sea! It's not the sea...

GERTRUDE
La mer! La mer!

ÉMILE JEUNE et GERTRUDE
La mer!

ÉVA
... it's a river! The Saint Lawrence river!

DAVID
A poet! My son!

ÉMILE JEUNE et GERTRUDE
La mer!

ÉMILIE
Ne pourrions-nous pas nous parler en français, pour une fois...

DAVID
You know my French is not good enough! I can't discuss with you in French!

ÉMILE JEUNE et GERTRUDE
La mer !

ÉMILIE
Moi non plus je ne peux pas discuter avec toi en anglais !

DAVID
Yes, you can !

ÉMILIE
Not today...

DAVID
You always have...

ÉMILIE
Please !

ÉMILE JEUNE
Regardez ! C'est elle !

Elle monte vers nous en rouleaux furieux !

Regardez ! Elle est là, elle me caresse les pieds ! Heureuse de nous retrouver ! La mer se lève, la mer s'étend, la mer roule à mes pieds comme une bête. La mer s'offre à nous ; offrons-nous à elle ! Offrons-nous à elle !

ÉVA

I hate it so much, Émile, when you talk the way you write!

ÉMILE JEUNE

Quoi, donc?

ÉVA

When you talk the way you write.

ÉMILE JEUNE

What do you know, Éva, about my writing!

ÉVA

Everybody knows about your writing! Do you know what they say about you, in Montreal?

DAVID

I don't want this son of mine to destroy everything. I worked hard all my life! A poet! For God's sake! Why not a murderer! Why not Jack the Ripper!

ÉMILIE

Tout, tout sauf un poète?

DAVID
(ironique)

Ah, yes! Exactly!

ÉMILIE
Tout, tout sauf un poète...

GERTRUDE
Raconte encore la mer, dis-moi la mer ! Chante-la !

Émilie quitte la véranda pour s'approcher de ses enfants.

DAVID
Don't go away ! Stay here, I tell you !

GERTRUDE
Maman, Émile salue la mer !

ÉVA
Really !

Pendant le quintette qui suit, Émile vieux passera d'un personnage à l'autre, les examinant tous attentivement. Il gardera le silence.

ÉMILE JEUNE
Elle a glissé de son lit
Elle s'est étirée au réveil
Elle a roulé sous les plis
De ses vagues au soleil.
Elle a dévié son courant
Elle a brisé son collier
Elle est venue doucement
Se lover à nos pieds.

GERTRUDE

Et c'est pour nous, pour nous
Qu'elle a bu son premier rai du matin
Oui, c'est pour nous pour nous
Qui lui tendons la main.

ÉMILE

Elle s'est mirée dans le ciel
Elle a parfumé le jardin
Elle a ravi tout le miel
Des rayons du matin

GERTRUDE

Elle a couru dans la baie
Elle s'est essoufflée sur la plage
Puis elle a pu retrouver
Ses faux airs d'enfant sage.

ÉMILE

Et c'est pour nous, pour nous
Qu'elle a bu ses premiers rais du matin
Oui, c'est pour nous, pour nous
Qui lui tendons la main.

ÉMILE JEUNE et GERTRUDE

Je chante, je chante, le réveil de la mer.
Je chante, je chante, la beauté de la mer.
Je chante, je chante, le parfum de la mer.
Je chante, je chante, les reflets de la mer au soleil.

DAVID

Look at them...

ÉVA

Dreamers...

DAVID

The three of them...

DAVID et ÉVA

Dreamers ! That's all they can do...

ÉVA

... dream !

DAVID

Wherever they go
Whatever they do !

ÉVA

The three of them...

DAVID et ÉVA

They dream !

DAVID

Whose fault is it, tell me ?
Is it your Mother ?
Is it Émile ?

ÉVA

I think it's him...
It can't be her...

DAVID et ÉVA

What makes them be that way?
What makes them act that way!
Why can't they be like others?
Why, why can't they be normal!

DAVID

You should talk to her... about him.

ÉVA

I should talk to him... about her!

DAVID et ÉVA

Look at them... look at them... Dreamers... Dreamers... Pity! Look at them... look at them... Dreamers... Dreamers... Pity!

ÉMILE JEUNE

Tout me fait peur, tout m'exalte
J'ai peur de tout mais j'ai hâte
De guérir et d'apprendre à survivre.
Je touche à tout, je m'enivre
Je suis le feu et le givre
Mais je pleure quand un orage éclate.
Je vis la nuit, je découche,
J'ai les yeux faux et je louche
Du côté des paradis perdus

Quand j'ai trop peur ou trop bu
J'écris des vers corrompus
Qui font mal et qui pourtant me touchent.

J'ai peur, j'ai peur de tout
Je meurs, je meurs de tout
J'ai peur d'aimer, j'ai peur d'aimer
J'ai peur d'aimer la vie !

Je meurs, je meurs de tout
J'ai peur, j'ai peur de tout
Je meurs d'aimer, je meurs d'aimer,
Je meurs d'aimer la vie !

Je suis masqué, je suis sourd
Je suis aveugle et je cours
Me jeter dans le gouffre qui gronde.
Je suis noyé dans la ronde
Des nuits, des heures, des secondes
Et je crie en attendant le jour !

J'ai peur, j'ai peur de tout
Je meurs, je meurs de tout !
La vie, la mort, la joie, l'amour,
Le mal me font trembler !
Je meurs, je meurs, de tout
J'ai peur, j'ai peur de tout !
Voyez mon cœur coupé en deux
Voyez ma vie brisée, en feu !
Je meurs, je meurs de tout
J'ai peur, j'ai peur de tout !
Mais je veux vivre, je veux écrire
Je veux chanter ma peur !

Je veux braver mes démons
Et les signer de mon nom
En couleur et en lettres de feu
Je veux crier des aveux
Dans des poèmes joyeux
Ou vibrants comme des coups de canon !
Retrouver enfin Montréal,
Ma chambre de la rue Laval !
Écrire ! Écrire ! Écrire ! Écrire !
Être secoué, être saisi
Par la poésie !

ÉMILIE

Émile me fait peur.
Je le sens... Je le sens s'éloigner, dériver... mon mari dirait drifting... drifting away...
Il est devenu si passif, si absent, si indifférent à tout...
Drifting away... drifting away... drifting away...

Baudelaire a tué son sourire
Et Poe a détourné sa flamme !
Verlaine a perverti sa vie et pire
Rimbaud a corrompu son âme !
Rimbaud a corrompu son âme
Et Lautréamont l'a séduit
Il erre à travers un jardin en flammes
La poésie hante ses nuits.

Il s'éloigne, se replie, il s'efface,
Il devient froid, se couvre la face.
Il se détourne de tout, il se détourne de moi
Il ne voit plus rien, surtout pas mes émois...
Je le vois qui sombre, moi qui l'ai adoré

Moi qui l'ai vénéré, moi qu'il a vénérée,
Il se noie, mon fils se noie !
Mon fils aimé se noie !

Émile vieux s'est approché tout près d'elle.

ÉMILE VIEUX

Il glisse vers la mélancolie
Il se libère de votre emprise
Il est trop tard, pauvre Émilie, trop tard,
Trop tard, le poète se grise !
Il tarde à trouver le sommeil
Il boit, son cœur est en lambeaux.
Ses nuits sont hantées par d'étranges
    merveilles
Elles sont consacrées à Rimbaud !
Il s'éloigne, se replie, il s'efface,
Il devient froid, se couvre la face,
Il se détourne de tout, il se détourne des
    lois,
Il ne voit plus rien, surtout pas vos émois.

ÉMILIE

Je le vois qui sombre, moi qui l'ai adoré,
Moi qui l'ai vénéré, moi qu'il a vénérée,
Il se noie, mon fils se noie,
Mon fils aimé se noie !

ÉMILIE et ÉMILE VIEUX

Baudelaire a tué son sourire
Et Poe a détourné sa flamme
Verlaine a perverti sa vie et pire
Rimbaud a corrompu son âme.

SCÈNE 3

Chez Arthur de Bussières, le poète-peintre en bâtiments, ami d'Émile. Un grenier très pauvre dans le Vieux-Montréal.

Émile jeune, Arthur et Charles Gill, jeune intellectuel qui revient d'un voyage d'études en Europe, sont passablement éméchés. Les restes d'un repas traînent sur une table basse et bancale. Les trois amis sont avachis sur un même sofa troué.

CHARLES
En poussant la porte, j'ai aperçu Verlaine...

LES DEUX AUTRES
Verlaine !

CHARLES
En poussant la porte, derrière le rideau rouge qui sert à couper le froid, j'ai aperçu Verlaine devant une assiette à soupe...

ÉMILE JEUNE
Tu nous fais marcher...

CHARLES
Pas du tout... En poussant la porte...

ARTHUR

Charles, tu radotes... Laisse faire la description du café Procope et parle-nous de Verlaine...

ÉMILE JEUNE

Si c'est vrai que tu l'as vu...

Insulté, Charles essaie de se relever, mais retombe lourdement entre ses deux amis.

CHARLES

Rue de l'Ancienne-Comédie, au café Procope, un soir de novembre, devant une assiette à soupe qui fumait encore, j'ai vu Paul Verlaine, saoul, bruyant et sentant fort, je le jure !

ÉMILE JEUNE

Lui as-tu parlé ?

CHARLES

Parler à Verlaine ! Je suis resté figé près de sa table, j'ai béni le hasard, Dieu, la ville de Paris, la fortune de mon père, ma chance et la poésie ; j'ai écouté mon cœur battre, j'ai ramassé ce qu'il me restait de force pour empêcher mes jambes de se dérober sous moi, j'ai pris de grandes respirations de peur de me retrouver sur le plancher de bois et je me suis jeté dans la rue comme si on m'avait mis à la porte du café.

Les deux autres rient.

ARTHUR

Peureux ! Peureux, peureux, peureux, peureux !

CHARLES

Tout ce qui m'est resté de lui, c'est son odeur de vieux monsieur mal lavé...

ÉMILE JEUNE

Vieux ? Verlaine avait à peine cinquante ans lorsqu'il est mort...

CHARLES

C'est vieux quand on a mené la vie qu'il a menée...

ARTHUR

Tu dis qu'il ne sentait pas bon... Es-tu sûr de l'avoir rencontré... *avant* sa mort ?

Arthur et Émile jeune rient.

CHARLES

Vous ne me croyez pas ! J'ai vu Verlaine peu avant sa mort et vous ne me croyez pas !

ARTHUR

Ben oui... En arrivant à Paris, t'es tombé sur Verlaine sapant sa soupe, sur madame de Noailles te suppliant de fréquenter son salon, et quoi encore ? Le fantôme de Victor Hugo hantait-t-il ta chambre ? Ou celui d'Aurore Dupin, baronne Dudevant, qui en voulait à ton corps d'albâtre de jeune Américain trop bien nourri ?

CHARLES
Qui ?

ARTHUR
Ah ! Je l'savais ! Ça se veut romantique et ça connaît même pas le vrai nom de George Sand ! J'ai pas été élevé par les Jésuites, moi, mais je connais bien des choses que vous ignorez, vous autres, les nantis, les bourgeois, les riches.

ÉMILE
S'il vous plaît, Arthur, ne recommence pas ça... Tiens, bois une dernière petite Chartreuse...

ARTHUR
En tout cas, moi, si j'avais rencontré Verlaine...

CHARLES
Il n'aurait rien compris à ton accent des faubourgs de Montréal...

ARTHUR
Avec mon accent des faubourgs de Montréal, je lui aurais dit...

Silence.
Les deux autres éclatent de rire.

Je l'aurais au moins embrassé !

Charles et Émile font des mines et lancent des cris de dégoût.

CHARLES
Arthur... Rimbaud... de Bussières !

Charles et Émile roulent par terre de joie.

ARTHUR
Vous êtes saouls...

ÉMILE JEUNE
Et toi ?

ARTHUR
(en souriant)
Je suis heureux... de vous avoir... saouls... dans mon palais.

Moment de paix. Ils boivent à même le goulot de la bouteille de Chartreuse, fument, rêvassent.

Parle-nous de Paris...

ÉMILE JEUNE
... de ta vie à Paris...

CHARLES

C'est le matin, je ne dors pas
Je rentre à pied ; ce que je vois
M'enivre
En haut des toits le ciel est rose
Et mon Paris est plein de choses
À vivre !
Pourquoi dormir, même épuisé,
Quand dans l'alcool on peut puiser
La force
De continuer par les canaux
À pagayer dans son canot
D'écorce !

Je descends Paris comme un fleuve
Et sur ses flots blancs qui se meuvent
Je retrouve enfin l'énergie
De donner un sens à ma vie.

Je suis la Chasse-Galerie en visite à Paris !
Je suis la Chasse-Galerie en visite à Paris !

À St-Germain, à Montparnasse
Dès le matin je pars en chasse
Et j'erre.
Au restaurant ou au bistrot
Où les patrons ne sont pas trop sévères
Je bois, j'écris de longs poèmes
C'est ça la vie, la vraie vie de bohème
Chez moi j'étais un mécréant
Ici je vais comme un géant
Qui règne !

Je descends Paris comme un fleuve
Et sur ses flots blancs qui se meuvent
Je retrouve enfin l'énergie
De donner un sens à ma vie !
Je suis la Chasse-Galerie en visite à Paris
Je suis la Chasse-Galerie en visite à Paris !

LES TROIS

Je descends Paris comme un fleuve
Et sur ses flots blancs qui se meuvent
Je retrouve enfin l'énergie
De donner un sens à ma vie
Je suis la Chasse-Galerie en visite à Paris !
Je suis la Chasse-Galerie en visite à Paris !

Ils boivent encore de la Chartreuse.

CHARLES

La bohème, la vraie ! Celle des souffrances atroces et des joies sublimes !
La bohème des grands !

ARTHUR

Facile à dire... Surtout pour toi, toi qui pouvais te la payer !

ÉMILE JEUNE

Arthur...

ARTHUR

... toi qui avais les moyens de te payer quel

ques mois de pauvreté aux frais de tes parents riches!

CHARLES

Tu ne vas pas recommencer...

ARTHUR

C'est facile d'être pauvre et de faire pitié si on sait qu'on peut s'en sortir quand on veut! Cachais-tu l'argent de ton papa sous ta paillasse, hein? Quand t'avais *trop* faim, te payais-tu un bon gueuleton au Procope, là où Verlaine lui-même crevait de faim derrière son assiette à soupe?

CHARLES
(à Émile jeune)

Ça y est, ça recommence... Il est encore trop saoul...

ARTHUR

Pas trop saoul pour vous dire c'que j'pense de vous autres... Vous êtes des touristes de la bohème, des amateurs de la pauvreté! Fils de petits-bourgeois et petits-bourgeois vous-mêmes! Quand vous en avez assez de la vie de crève-faim vous retournez chez papa et maman vous fait de la bonne sousoupe...

ÉMILE JEUNE
Arthur, calme-toi...

ARTHUR

Moi, j'en ai pas, de maman qui veille sur moi quand chuis déprimé ! Chuis pas venu à la poésie par la voie du désœuvrement mais par besoin ! J'ai pas besoin d'aller à Paris pour me mettre en état de bohème, *je suis* la bohème, la vraie, comme tu dis, celle des souffrances atroces et des joies sublimes !

Court silence.
Il prend quelques feuillets qui traînaient.

Mes joies sublimes sont là et sont très éphémères... mes souffrances sont partout ailleurs et ne cessent jamais. Ma poésie vient du désespoir ; d'où vient la vôtre ? Vous m'enragez, des fois... Regardez dans quoi je vis... et pensez-y quand vous écrivez vos poèmes, oui pensez-y dans votre confort, oui pensez-y quand vous écrivez dans le confort de votre chambre chauffée... Bande de futurs notables ! Futurs notables !

Il se lance presque sur la Chartreuse et vide la bouteille.

ÉMILE JEUNE
(doucement)

M'enlèves-tu tout droit à la création parce que j'habite rue Laval ?

Arthur ne répond pas.

Je ne suis pas un futur notable, Arthur dit «de» Bussières! Je refuse de faire partie d'un petit cercle d'amateurs, ces poètes du dimanche. Moi, un futur notable! Je veux être ma poésie, je veux vivre et mourir de ma poésie. Une chose nous lie étroitement, une chose nous lie tous les trois et c'est la bohème du cœur! Peu importe l'endroit où nos poèmes sont écrits, nos cœurs sont les mêmes! Tu souffres à peindre des bâtiments pour te payer le luxe de boire et d'écrire, moi je souffre à angoisser dans une maison étouffante entre un père intolérant et une mère...

Troublé, il s'arrête.

ARTHUR
Quand tu parles de ta mère...

ÉMILE
J'aime ma mère... plus qu'il n'est permis...

ARTHUR
D'où «la bohème du cœur?»

Arthur le prend dans ses bras, fraternellement.

Tu as raison... nos corps viennent de deux mondes différents, mais nos cœurs sont frères... Buvons!

CHARLES
Il n'y a plus de Chartreuse!

ARTHUR
Penses-tu ?

Il exhibe une nouvelle bouteille.

À la bohème du cœur !

LES TROIS
À la bohème du cœur !

Ils sont saouls.
La voix d'Émilie parvient de la rue.

ÉMILIE
Émile.. Émile, es-tu là ?

Charles et Arthur rient.

ARTHUR
Émile, ta maman t'appelle...

ÉMILIE
Émile !

ÉMILE
Elle est venue jusqu'ici...

ARTHUR
Eh, oui ! La rue Laval s'aventure dans les bas-fonds... Elle cherche à savoir où tu te tiens...

CHARLES
... avec qui...

ARTHUR
... et pourquoi !

CHARLES et ARTHUR
Surtout pourquoi !

ÉMILIE
Émile, ton père veut te voir...

ÉMILE
C'est donc ça...

CHARLES
C'est moins drôle...

ARTHUR
Beaucoup moins drôle...

ÉMILIE
Émile, c'est humiliant de te parler à travers une porte...

ÉMILE
Je dois partir...

CHARLES
Bien sûr...

ARTHUR

Good luck with your wonderful father, my friend... My dear friend.

Émile sort presque en courant.

ÉMILE VIEUX

Je me souviens... assez bien... de trois adolescents poètes par besoin... oui, je me souviens de Charles à son retour d'Europe, fanfaron et pourtant si peu sûr de lui... mais je me souviens surtout d'Arthur, mon Rimbaud à moi.

> C'était dans un réduit, au bout d'un long couloir.
> Un grand adolescent dans un lit dérisoire
> Qui sentait la révolte et le désespoir.
> C'était Arthur Rimbaud quand descendait le soir.
>
> Chaque nuit nous rêvions ou d'honneurs ou de gloire
> En buvant du poison, pour tromper les miroirs
> Qui renvoyaient de nous l'image à ne pas voir :
> Deux pauvres chats mouillés qui vont à l'abattoir.
>
> C'était dans un réduit, c'était dans un miroir.
> Le jour nous étions morts, nous attendions le soir
> Pour inventer la vie, tuer le désespoir
> Deux enfants démunis, deux âmes dérisoires.

Pour contourner l'ennui, éviter l'abattoir,
Il jouait les Rimbaud au faîte de la gloire.
Je n'étais pas Verlaine et ne voulais rien voir
J'étais celui qui aime au bout d'un long
    couloir.

C'était Arthur Rimbaud quand descendait le
    soir.
Je n'étais pas Verlaine et ne voulais rien voir.

SCÈNE 4

Chez les Nelligan, rue Laval.

ÉMILIE

Émile ne marche plus dans sa chambre. Encore une fois le poison a opéré et mon fils, étendu sur son lit, jette dans un carnet des horreurs qui me tuent.

Autrefois il me donnait des poèmes qui me ravissaient, maintenant, parce qu'il a honte, parce qu'il a peur, parce qu'il m'aime, il me cache les produits corrompus de son imagination malade.

J'ai enfanté sans le savoir
J'ai élevé sans le vouloir
Un ange noir, un solitaire
Qui dans le soir écrit des vers

Qui me font peur.
Qui dans le soir écrit des vers
Qui me font horreur.
Je veux mourir.

Je l'ai guidé sur des chemins
Que je croyais être les siens
J'ai tout donné, sans rien attendre
Sans espérer et sans comprendre
Qu'il faut payer
Sans espérer et sans comprendre
Le prix à payer.
Je veux mourir

Je veux mourir aidez-moi
Ou ramenez à la foi
Ce fils confus que j'aimais
Et qui n'est plus.
Je veux mourir prenez-moi
On l'a ravi à ma foi
Je l'ai perdu à jamais
Mon fils n'est plus.

Je l'ai nourri de poésie
J'ai souri à ses fantaisies
C'était un dieu, c'était mon fils
Il était dieu et moi complice
De son bonheur.
Il était dieu et moi complice
De mon malheur.
Je veux mourir.

Je veux mourir aidez-moi
Ou ramenez à la foi
Ce fils confus que j'aimais

Et qui n'est plus.
Je veux mourir prenez-moi
On l'a ravi à ma foi
Je l'ai perdu à jamais
Mon fils n'est plus.
J'ai tout perdu, je meurs...
J'ai tout perdu, je meurs...

DAVID

That child is sick, Émilie...

ÉMILIE

Malade ! Étrange, oui, peut-être... Oui, étrange, mais pas malade !

DAVID

I'm not doing this because I hate him, you know... He's my son ! I waited as long as I could... But what if he becomes dangerous !

ÉMILIE

Quel danger peut-il bien représenter ! Tu ne peux plus le voir, il incarne tout ce que tu détestes dans la vie : l'imagination ! Une vie consacrée à l'imagination ! La présence du beau, de l'art, de la poésie dans cette maison te dérange et tu veux l'écraser.

DAVID

I love poetry as much as you do !

ÉMILIE

... but not in your house!

DAVID

But not in my house!

ÉMILIE

Quand il monte dans sa chambre, je te vois frissonner! Je te vois lever les yeux au milieu d'une phrase parce que tu sais qu'il est là-haut et qu'il écrit des vers! Oui, il écrit des vers! Ne me dis pas que c'est dangereux!

DAVID

The danger is not when he's in here... Do you know what he does when he leaves? Do you know where he goes? Who are his friends?

ÉMILIE

I know who his friends are...

DAVID

Who are they? You never told me! Some neighbours told me that they saw you bringing our son back many times, late at night! That he was drunk! Even worse than that! He's only nineteen! What are you hiding from me? Where were you, two days ago?

ÉMILIE
(hésitante)

I don't know what you mean... I don't know what you mean...

DAVID

All Laval street heard you coming back at two o'clock in the morning! Émile was reciting something about the virtues of wine... He drinks, he never washes, he refuses to go to school, he shuts himself in his room for days and then he goes out, God knows where... and doing what? What does he do, Émilie? And who does he do it with? He has to be punished, don't you understand?!

ÉMILIE

Qui veux-tu punir? Lui ou moi? Ou toi-même? Veux-tu te punir toi-même de n'être jamais là? De n'avoir jamais élevé ton fils parce que toujours absent? Veux-tu éloigner de ta vue le blâme vivant de notre incapacité à former une famille normale?

DAVID

What's wrong with our family?

Court silence. Émilie hésite avant de parler.

ÉMILIE
(très doucement)

Un père anglais. Une mère française. Des enfants forcés à choisir entre leur père et leur mère. Une famille coupée en deux dès le départ, vouée à l'échec. Tu as essayé d'élever Émile en anglais, my poor David, mais il se mettait au français dès que tu passais la porte. Est-ce de ça que tu veux le punir ? Est-ce le poète que tu veux enfermer dans une institution ou un fils indigne de l'Irlande ? Your son, a *french* poet ! A french poet !

DAVID
(très calmement)

You must be very tired to say such things to me. I know you don't mean what you just said. I want my family to be happy but I don't want that self-indulgent brat destroying everything. He's a very sick child, Émilie, and he must be put away. He never was normal, you very well know it. Let me take him away from you before it's too late.

Il sort.

SCÈNE 5

Chambre d'Émile.
Émile jeune est assis par terre, visiblement éméché.

Émile vieux rôde autour de lui.

ÉMILE JEUNE
Le silence est revenu.
Mon père a quitté la maison.
Maman... maman rôde au salon... Dans le salon, maman rôde.

Émilie entre et commence à tourner autour d'Émile jeune, comme Émile vieux.

Elle regarde le plafond. « Dort-il ? »

ÉMILIE
Dort-il ?

ÉMILE JEUNE
« Écrit-il ? »

ÉMILIE
Écrit-il ?

ÉMILIE et ÉMILE JEUNE
A-t-il cuvé son vin ?

ÉMILE VIEUX

Ne rôdez pas ainsi. Ne l'espionnez pas. Laissez-le. Il travaille. Il s'est approché de sa table, près de la fenêtre. Il a regardé dehors. Le soleil se meurt au centre de la croisée. Il a ouvert son encrier. Il a fouillé dans ses papiers. Il a trouvé un poème inachevé qu'il relit. Il repousse la feuille. Il est préoccupé. Il sait que quelque chose se prépare. Regardez, Émilie, regardez, un poème va naître.

ÉMILE JEUNE

Cet état qui m'habite chaque fois que je prends la plume... Cette exaltation, cette certitude... ce doute... cette certitude que quelque chose se passe en moi et que tout à l'heure je pourrai mettre en mots ; l'encrier ouvert, la page blanche... et moi, fou d'inquiétude, fou d'exaltation... mon bras qui se déplie, ma main qui dessine des lettres, des mots, des vers... La joie de créer, c'est la vie ! C'est la vie !

ÉMILE VIEUX

« Tout se mêle en un vif éclat de gaîté verte. »

ÉMILE JEUNE

Oui, c'est ça, ma gaîté est verte, verte comme après un coucher de soleil... il fait si beau !

ÉMILE VIEUX

« Ô le beau soir de mai !... »

ÉMILE JEUNE

Un mariage d'oiseau traverse ma fenêtre! C'est un signe! Mon âme s'envole! Mon âme s'envole!

ÉMILE VIEUX

[...] « Tous les oiseaux en chœur,
Ainsi que les espoirs naguères à mon cœur,
Modulent leur prélude à ma croisée
 ouverte. »

ÉMILE JEUNE

J'écris! J'écris et le monde change!
J'écris et tout devient beau! Tout devient beau! Ma douleur de vivre, ma peur, tout se confond! Je survole la rue Laval, je survole Montréal, je suis un jet d'eau qui transmet la vie! Mais qui veut de moi? Qui veut de ma joie? Qui veut de ma douleur?

ÉMILE VIEUX

« C'est le règne du rire amer et de la rage
De se savoir poète et l'objet du mépris,
De se savoir un cœur et de n'être compris
Que par le clair de lune et les grands soirs
 d'orage! »

Il écrit furieusement.

Retirons-nous, maman. Le poète est en train de vivre.

ÉMILIE

Non ! Il faudrait pouvoir l'arrêter ! Il faudrait pouvoir le convaincre d'arrêter avant qu'il ne soit trop tard !

Il tient son manuscrit à bout de bras.

ÉMILE JEUNE

J'existe ! Maman, j'existe ! J'existe, maman, j'existe !

Nous sommes au château de Ramezay pendant un récital de l'École Littéraire de Montréal.

Émile, debout sur une chaise, chante sa Romance du Vin.

> « Tout se mêle en un vif éclat de gaîté verte.
> Ô le beau soir de mai ! Tous les oiseaux en
>   chœur,
> Ainsi que les espoirs naguères à mon cœur,
> Modulent leur prélude à ma croisée ouverte.
>
> Ô le beau soir de mai ! le joyeux soir de
>   mai !
> Un orgue au loin éclate en froides
>   mélopées ;
> Et les rayons, ainsi que de pourpres épées,
> Percent le cœur du jour qui se meurt
>   parfumé.
>
> Je suis gai ! je suis gai ! Dans le cristal qui
>   chante,
> Verse, verse le vin ! verse encore et toujours,
> Que je puisse oublier la tristesse des jours,

Dans le dédain que j'ai de la foule
 méchante !

Je suis gai ! je suis gai ! Vive le vin et l'Art !...
J'ai le rêve de faire aussi des vers célèbres,
Des rêves qui gémiront les musiques
 funèbres
Des vents d'automne au loin passant dans le
 brouillard.

C'est le règne du rire amer et de la rage
De se savoir poète et l'objet du mépris,
De se savoir un cœur et de n'être compris
Que par le clair de lune et les grands soirs
 d'orage !

Femmes ! je bois à vous qui riez du chemin
Où l'Idéal m'appelle en ouvrant ses bras
 roses ;
Je bois à vous surtout, hommes aux fronts
 moroses
Qui dédaignez ma vie et repoussez ma
 main !

Pendant que tout l'azur s'étoile dans la
 gloire,
Et qu'un hymne s'entonne au renouveau
 doré,
Sur le jour expirant je n'ai donc pas pleuré,
Moi qui marche à tâtons dans ma jeunesse
 noire !

Je suis gai ! je suis gai ! Vive le soir de mai !
Je suis follement gai, sans être pourtant
 ivre !...

Serait-ce que je suis enfin heureux de vivre ;
Enfin mon cœur est-il guéri d'avoir aimé ?

Les cloches ont chanté ; le vent du soir odore...
Et pendant que le vin ruisselle à joyeux flots,
Je suis si gai, si gai, dans mon rire sonore,
Oh ! si gai, que j'ai peur d'éclater en sanglots ! »

ÉMILE JEUNE

J'ai écrit mon credo !

ÉMILE VIEUX

J'ai livré mon credo...

LES DEUX ÉMILE

... et on m'a écouté !

ÉMILE JEUNE

J'existe !

ÉMILE VIEUX

J'existais...

ÉMILE JEUNE

Maman...

ÉMILE VIEUX

Maman !

                        ÉMILE JEUNE
J'existe !

                        ÉMILE VIEUX
J'existais...

                        ÉMILE JEUNE
Maman !

                        ÉMILE VIEUX
Maman !

                        ÉMILE JEUNE
J'existe !

                        ÉMILE VIEUX
J'existais...

                        ÉMILE JEUNE
J'existe...

                        ÉMILE VIEUX
J'existais...

                        ÉMILE JEUNE
J'existe !
Je suis poète !

ÉMILE VIEUX
J'étais poète !

LES DEUX ÉMILE
Et je mourrai...

ÉMILE VIEUX
Fou ! ! !

Tout s'arrête.
Émile jeune regarde Émile vieux dans les yeux pendant quelques secondes.
Bouleversé, Émile jeune se jette dans les bras d'Émile vieux.

La religieuse du début entre lentement et se dirige vers eux.

DEUXIÈME PARTIE

SCÈNE 6

Église au petit matin.

Un chœur d'enfants répète un Te Deum.

Émile jeune dort recroquevillé sur un banc, la tête appuyée sur les genoux d'Émile vieux qui le veille.

ÉMILE VIEUX
Après avoir couru derrière un faux soleil
Il s'est abandonné aux torpeurs du sommeil
Il se laisse bercer dans l'odeur de l'encens
Par la voix éthérée d'un humble chœur
    d'enfants.

Il n'est plus sur un banc, il n'est plus à
    l'église
Il vogue sur la mer, le vent du sud le grise.
Le ciel est un trou noir, la mer devient opale
Et son île apparaît en silhouette pâle.

Dors, dors, Émile dors
Conduis ton Vaisseau d'Or
Guide ses voiles blanches
Au récital des Anges.

Étendu sur la plage où déferlent les vagues
Il maudit son passé, il hurle et il divague.
Puis la paix lui revient, le couvre de son
  châle
Dans son sommeil il dort dans une
  cathédrale.

Voyez, il a bougé ; il a tendu la main
Les sirènes ont chanté, il sait que dès demain
Il pourra s'installer, entouré de ses muses
Et transcrire la voix des anges qui s'amusent.

Dors, dors, Émile dors
Conduis ton Vaisseau d'or
Guide ses voiles blanches
Au récital des anges.

La répétition est terminée.
On entend quelques rires d'enfants.
Émile jeune s'éveille lentement, s'assied sur le banc.
Il est sale, mal habillé, il a visiblement bu la veille.
Il ressemble aux «Jeunes-France» qu'il admire tant, précurseurs des hippies et même des punks.

ÉMILE JEUNE

J'ai soif. *(Il regarde autour de lui, se lève.)* Qu'est-ce que je fais ici... Les muses... Les muses m'avaient quitté... J'ai couru... pour les retrouver.

J'ai faim. Je n'ai pas mangé depuis... Après la critique méprisante du *Monde illustré*, j'ai couru longtemps... j'ai soif ! Je veux boire ! De l'eau ! De l'eau ! Du vin ! *(Il se met à marcher de long en large dans l'église.)* Oh... la douleur de voir son nom bafoué... son œuvre... détruite !

ÉMILE VIEUX
Son œuvre détruite...

LES DEUX ÉMILE
Par un étranger de passage !

ÉMILE VIEUX
Quelqu'un qui passe dans une ville et qui d'un seul coup de plume empoisonnée perce le cœur d'un jeune poète !

ÉMILE JEUNE
Le mépris ! Jamais je ne supporterai le mépris !

ÉMILE VIEUX
Le cœur d'un jeune poète !

ÉMILE JEUNE
Le cœur d'un jeune poète... a besoin...

ÉMILE VIEUX
... d'un élan...

LES DEUX ÉMILE
... d'un élan qui l'encourage à s'élever...

ÉMILE JEUNE

Après le triomphe du Château de Ramezay j'avais besoin de m'élever encore plus, d'atteindre pour la première fois ce sommet dont on a tant rêvé !

ÉMILE VIEUX

Dont j'avais tant rêvé !

ÉMILE JEUNE

Dont j'ai longtemps rêvé... Et un petit article...

... a réduit à néant mon ambition de grandeur. La douleur. La douleur.

ÉMILE VIEUX

La douleur « de se savoir poète et l'objet du mépris, [...] et de n'être compris que par le clair de lune et les grands soirs d'orage ! »

ÉMILE JEUNE
(Il se rassoit près d'Émile vieux.)

Si la critique n'accepte pas ma poésie, qui se souviendra de moi ? Qui se souviendra de moi si mes seuls triomphes se font à huis clos, devant un parterre de parents et d'amis ? Qui se souviendra d'Émile Nelligan ? Suis-je condamné à écrire des œuvres qui resteront incomprises d'une ville provinciale, oui ! d'un ville provinciale, d'une province ignorante ? J'ai tellement bu, si tu savais...

ÉMILE VIEUX

Oui, je sais.

LES DEUX ÉMILE

Pour oublier ! La douleur ! Et j'ai couru pour que ma mémoire ne me rattrape pas !

ÉMILE VIEUX

Ma mémoire...

ÉMILE JEUNE

Pour que ma mémoire ne me rattrape pas !

ÉMILE VIEUX

Ne me rattrape pas !

Il se lève, se dirige vers l'autel.
Il aperçoit des lampions qui brûlent encore.

ÉMILE JEUNE

De la lumière ! De la lumière ! *(Il souffle quelques lampions, les prend dans ses mains.)* Des lampions pour ces nuits où mon père, mister Nelligan, qui me croit fou, me coupe la lumière ! J'écrirai à la douce lumière de l'église ! *(Il s'arrête devant un tronc, hésite, l'ouvre, y puise de l'ar-*

gent.) Je mangerai aussi à la santé de l'église !

ÉMILE VIEUX
C'est un vol grave !

ÉMILE JEUNE
Tant mieux ! On m'a bien tout volé, à moi ! L'église a les moyens de subvenir à mes besoins...

ÉMILE VIEUX
Tu blasphèmes...

Émile jeune monte lentement à l'autel, comme pendant une cérémonie.

ÉMILE JEUNE
Je blasphème... parce qu'on a blasphémé mon nom ! *(Il montre le tabernacle.)* J'ai soif ! J'ai faim !

ÉMILE VIEUX
Je n'ai jamais fait une chose pareille ! Jamais ! Jamais je n'ai fait une chose pareille !

ÉMILE JEUNE
(en ouvrant le tabernacle)
Dieu me comprendra !

Émile vieux reprend sa place sur le banc pour ne pas le voir.

ÉMILE VIEUX
(doucement)

Je n'ai jamais été ce fou blasphémateur. Je refuse. Ah ! Cette douleur, pourtant, je la connais si bien ! Oui, je reconnais cette douleur ! *(Il monte à l'autel, il se penche sur le calice.)* Je reconnais avoir été ce blasphémateur !

SCÈNE 7

Françoise entre dans l'église.

FRANÇOISE

L'œuvre qu'il portait en lui était si belle ! Il aurait pu flotter au-dessus de nous ; il aurait pu nous aider à vivre ! Que s'est-il donc passé pour qu'une âme aussi pure se dégrade ainsi ? Que s'est-il donc passé ? Le saurons-nous jamais ?

J'ai cru aimer et j'ai cru l'être !
D'un seul regard il faisait naître
Des châteaux forts, des nuits d'été,
Transfigurées par la beauté.

Je retenais de son passage
Des mots magiques et des images
Que je savais être éternels
Quand il lisait, j'avais des ailes !

Sans qu'on le veuille, sans qu'on l'attende
On se détache et sans comprendre
Sans dire adieu et sans souffrance
On sent venir l'indifférence.
Sans qu'on le veuille, sans qu'on l'attende
On se détache et sans comprendre
Sans dire adieu et sans souffrance
On sent venir l'indifférence.

Un petit mot, un petit rien,
Un regard faux, un geste feint,
Le temps qu'il faut à une main
Pour s'effacer et c'est la fin,

Un salon sombre, un air humide
Dans un coin d'ombre un fauteuil vide,
Là où sourdait la poésie
Ne reste plus que l'aphasie

Sans qu'on le veuille, sans qu'on l'attende
On se détache et sans comprendre
Sans dire adieu et sans souffrance
On sent venir l'indifférence.
Sans qu'on le veuille, sans qu'on l'attende
On se détache et sans comprendre
Sans dire adieu et sans souffrance
On sent venir l'indifférence
Sans dire adieu et sans souffrance
On sent venir l'indifférence.

Émilie et Eugène Seers entrent dans l'église.
Eugène Seers est visiblement furieux.
Émile vieux assistera, muet, à toute la scène.

EUGÈNE SEERS
C'est intolérable!

ÉMILIE
Monsieur Seers...

EUGÈNE SEERS
Intolérable!

ÉMILIE
Mon père...

EUGÈNE SEERS
Il a dépassé les bornes...

ÉMILIE
Écoutez-moi...

EUGÈNE SEERS
... encore une fois! Si on le laisse faire...

ÉMILIE
C'est un enfant!

Eugène Seers s'arrête brusquement, dévisage Émilie.

EUGÈNE SEERS
Non, justement! Ce n'est plus un enfant! Un enfant ne ferait jamais une chose pareille! Si on le laisse faire, jusqu'où peut-il aller? Cessez de

l'excuser, madame Nelligan, cessez de le couver !

Émilie s'est écroulée sur le banc.

ÉMILIE
Au moins, écoutez-moi !

EUGÈNE SEERS
Qu'il vienne s'expliquer !

ÉMILIE
Justement, il ne peut pas... La honte... la honte l'en empêche probablement...

EUGÈNE SEERS
Regardez le tabernacle ouvert, il manque des lampions, le tronc est vide, c'est intolérable ! Il a profané mon église !

Émilie se redresse brusquement.

ÉMILIE
Il n'a rien fait de tel ! Il s'était laissé enfermer dans l'église parce qu'il avait peur de rentrer à la maison et il avait faim !

EUGÈNE SEERS
Madame Nelligan ! Un enfant qui passe la nuit dans une église parce qu'il a peur de rentrer chez lui est un enfant malade !

FRANÇOISE
C'est vous qui dites ça ! C'est vous qui dites ça ? Vous qui le connaissez si bien ! Vous qui le guidez depuis si longtemps...

ÉMILIE
Vous qu'il respecte tant...

ÉMILIE et FRANÇOISE
Vous, son ami !

FRANÇOISE
Il me disait tout, vous savez... Les heures que vous passiez ensemble, l'influence que vous aviez sur lui... sur sa poésie... Vous ne pouvez pas renier ces longues années d'amitié pour une seule erreur... Aidez-le ! Ne le rejetez pas !

ÉMILIE
À moi aussi il parlait de l'importance que vous aviez dans sa vie...

EUGÈNE SEERS
(abattu)
Vous voyez, vous parlez déjà de lui au passé...

Françoise et Émilie se regardent.

ÉMILIE
Au passé...

FRANÇOISE
Au passé...

Perdus dans leurs pensées, ils chantent un trio très lent.

TRIO

EUGÈNE SEERS
Il a pris la petite porte...
... la petite porte
... la porte dérobée

FRANÇOISE
... celle des voleurs...

ÉMILIE
... pour quitter ma vie...

FRANÇOISE
Sans prévenir...

ÉMILIE
Sans dire un mot...

EUGÈNE SEERS
Il s'en va sur la pointe des pieds...
Il s'en va...
Émile s'en va...
Notre Émile s'en va
... par la petite porte...

FRANÇOISE
Celle qui mène...

ÉMILIE
Non !

FRANÇOISE et EUGÈNE SEERS
... à la folie.

ÉMILIE
Pourquoi nommez-vous folie
ce qui n'est que mélancolie
d'un poète
trop blessé pour aimer la vie
mais pas...

FRANÇOISE
... la folie...

EUGÈNE SEERS
... la folie...

ÉMILIE
... la folie...

EUGÈNE SEERS
Je ne vois dans la nuit naissante...
Qu'une silhouette...
Il a levé la main
pour me dire adieu...

ÉMILIE
... pour quitter ma vie...

FRANÇOISE
Sans prévenir

ÉMILIE
Sans dire un mot...

EUGÈNE SEERS
Il s'en va... il a tiré la porte...
Il a fui...
Émile a fui...

ÉMILIE
Mon Émile est parti...
Il a fermé la porte...

FRANÇOISE
Celle qui mène

ÉMILIE
Non !

FRANÇOISE et EUGÈNE SEERS
... à la folie !

ÉMILIE
Rendez-le-moi ! Je l'aime !
Rendez-le-moi ! Je l'aime !

FRANÇOISE
Il est trop tard.

EUGÈNE SEERS
Émile est fou.

LES TROIS
La porte est fermée.

FIN DU TRIO
Ils se regardent comme trois coupables.

EUGÈNE SEERS
Si je pouvais faire quelque chose...

ÉMILIE
Vous le pouvez...

FRANÇOISE
Nous le pouvons... Tous les trois... si nous le voulons...

EUGÈNE SEERS
(à Françoise)
Aidez-le donc, vous, sa «sœur d'amitié»! Moi... je ne suis même plus son confesseur...

Autrefois, il n'y a pas si longtemps... il venait me voir presque chaque jour... De son sac porté en bandoulière, il sortait des papiers froissés... Le soleil entrait par la fenêtre... ou bien la neige nous frôlait en silence... et il lisait. Émile lisait ses derniers poèmes. Ah! Le ravissement de ces moments si beaux... Le presbytère, pendant quelques heures, était illuminé par la présence d'Émile, par la magie de sa poésie, par la beauté de ses vers.

EUGÈNE SEERS et FRANÇOISE
Sa voix montait, sa voix montait vers les sommets de l'exaltation.

EUGÈNE SEERS
Et je la suivais.

ÉMILIE
Je la suivais...

FRANÇOISE
Je la suivais...

EUGÈNE SEERS
Mais l'exaltation d'Émile s'est transformée! Sa poésie plonge dans des abîmes que je ne comprends pas.

FRANÇOISE
Sommes-nous en train de l'abandonner?

ÉMILIE
Jamais! Jamais! Jamais je n'abandonnerai mon fils!

Émilie sort quelques feuillets de son sac.

J'ai trouvé... ceci dans sa chambre. Il les avait laissés là... probablement pour que je les trouve... Je vous en prie, aidez-moi ! Vous qui l'avez guidé pendant si longtemps.

Eugène Seers et Françoise lisent le poème.

FRANÇOISE

C'est l'œuvre qu'il faut aider ! C'est l'œuvre qu'il faut sauver ! Il faut préserver le témoignage d'un adolescent génial ! Maintenant qu'il a sombré dans les noirceurs d'un mal incurable, nous devons donner de lui une image flatteuse !

ÉMILIE

Avant sa maladie, il produisait des poèmes édifiants. Il faut faire connaître ces poèmes édifiants !

EUGÈNE SEERS

Il faut faire connaître ces poèmes édifiants !

EUGÈNE SEERS et FRANÇOISE

Et donner de lui la vision d'un poète catholique !

EUGÈNE SEERS

Je ferai tout pour faire connaître le vrai Émile Nelligan !

FRANÇOISE
Le vrai Émile Nelligan !

ÉMILIE
Mon Émile !

LES TROIS
Le vrai Émile Nelligan !

Ils sortent.
Émile vieux sort de l'ombre.

ÉMILE VIEUX
Ce n'est pas en moi que vous ne croyiez plus, père Seers, c'était en Dieu. Si vous me l'aviez dit... moi, je vous aurais sauvé !

SCÈNE 8

Dans la chambre d'Émile jeune, rue Laval.

Celui-ci écrit rageusement, se relit.

Émile vieux s'approche de lui, lui pose une main sur l'épaule.

ÉMILE VIEUX
Détruis ce poème.

ÉMILE JEUNE
(qui sort de sa rêverie)

Quoi ?

ÉMILE VIEUX

Détruis ce poème.

ÉMILE JEUNE

Jamais ! Il m'a coûté... tant de peine... tant de peine...

ÉMILE VIEUX

On le retiendra contre toi... détruis-le !

ÉMILE JEUNE

On retient tout contre moi...

Émile vieux prend le poème des mains d'Émile jeune.

ÉMILE VIEUX

Tu as raison... C'est ton poème, c'est ton œuvre... Alors cache-le. Ne le montre à personne...

ÉMILE JEUNE

Je n'ai rien à cacher ! Je veux crier ce poème au monde entier. Je veux que le monde entier sache quel poète je suis ! Je veux que ce poème quitte ma main et s'envole, et s'envole, et s'envole, et plane au-dessus des continents !

Il reprend son poème.

ÉMILE VIEUX

Personne ne doit jamais savoir que ce poème existe.

Émile jeune s'approche d'Émile vieux, prend sa tête entre ses mains.

ÉMILE JEUNE

Et si jamais on le découvrait... que peut-il m'arriver ?

ÉMILE VIEUX

Tout au bout d'une route en un lieu solitaire
S'élève un bâtiment décrépit et sévère
Où des âmes perdues en un cortège lent
Coulent des jours sans fin au parfum
    indolent.

Un parfum indolent, une odeur délétère
Parcourt les corridors de ce séjour austère
Cela vous prend au cœur, c'est l'odeur de la
    mort
Qui jamais ne vous quitte et qui toujours
    vous mord.

Et il y a ce trou qu'on appelle le dortoir
Et que vous partagez sans jamais le vouloir
Avec des âmes mortes et des esprits déments
Dont vous sentez l'appel déchirant.

Il ne vous reste plus pour éviter le pire
Que les médicaments qui allègent et font rire
Ces douteux paradis qu'on dit artificiels
Et qui mènent plus près de l'enfer que du ciel.

Ces douteux paradis qu'on dit artificiels
Et qui mènent plus près de l'enfer que du ciel.
Sont une panacée, un baume empoisonné
Qui efface les heures des damnés !

Un parfum indolent, une odeur délétère
Parcourt les corridors de ce séjour austère.
Cela vous prend au cœur, c'est l'odeur de la mort
Qui jamais ne vous quitte et qui toujours vous mord.

Long silence.
Émile jeune est consterné.

SCÈNE 9

La chambre d'Émile.

ÉVA

Everything has changed in our lives. Father is outraged.

GERTRUDE

Émile...

ÉVA

I've never seen him like that before...

GERTRUDE

C'est vrai qu'il part souvent et longtemps. Quand il revenait, autrefois, tout était si doux... Tu te souviens du bonheur tranquille dans la maison ?

ÉVA

We used to laugh... everything was...

GERTRUDE

Si doux... si joyeux...

ÉVA

Si doux, si joyeux...

GERTRUDE et ÉVA

Si joyeux...

ÉVA

We all sat in the living room, mother played the piano... and we were together!

GERTRUDE
And now...

ÉVA
And now, just because you want to be a poet, everybody is unhappy, can't you see?

GERTRUDE et ÉVA
L'atmosphère est étouffante...

ÉVA
Mother is not the same anymore...

GERTRUDE
Maman pleure sans arrêt...

ÉVA
Help us...

GERTRUDE
(en même temps)
Fais quelque chose...

ÉVA
It's summer, we should be out...

GERTRUDE
Mais le malheur qui plane sur nous nous empêche de profiter de l'été... Tout est noir, dans la maison, Émile...

ÉVA
Help us, Émile...

On entend le piano d'Émilie qui joue du Chopin.

GERTRUDE
J'ai entendu une conversation entre nos parents... Si tu ne changes pas... Si tu ne renonces pas à ta poésie... Émile, ils vont... se débarrasser de toi. Je serai privée de toi... peut-être pour toujours...

ÉVA
There are places... for people like you... At least that's what father says...

GERTRUDE et ÉVA
Des endroits où on peut te protéger...

ÉMILE JEUNE
Eh bien... j'assumerai mon destin... Je suis poète et je mourrai fou...

Il sort sans les regarder.

Gertrude prend Éva dans ses bras.

SCÈNE 10

David entre brusquement dans la chambre de son fils.

DAVID
Where were you the last three days?

Émile ne répond pas.

DAVID
Answer me!

ÉMILE JEUNE
Pour une fois, papa, parlez-moi en français... You are in *my* room!

DAVID
You are in *my* house!

ÉMILE JEUNE
Papa!

DAVID
Je sais que tu étais avec ce peintre en bâtiments qui se prétend poète...

ÉMILE JEUNE
Il ne se prétend pas poète... il est poète!

DAVID

Un poète comme toi, oui, aux crochets de sa famille !

ÉMILE JEUNE

Pas du tout ! Il gagne sa vie, lui ! Moi je vis à vos crochets, c'est vrai, mais lui est autonome...

Silence.

DAVID
(doucement)

Why don't you work with me... Si l'école ne t'intéresse vraiment plus... suis-moi. Suis-moi... Work with me...

ÉMILE JEUNE

Vous n'allez pas recommencer avec votre métier, la maison, la famille ! Nous avons déjà discuté de tout ça cent fois !

DAVID

Veux-tu vraiment rester un jeune raté toute ta vie ?

ÉMILE JEUNE

OUI ! Je refuse de me ranger. N'essayez plus de me convaincre de vous suivre, laissez-moi ! Je suis poète et je mourrai fou... s'il le faut ! Je n'ai pas d'avenir. Ou alors j'en ai un auquel vous ne comprendrez jamais rien.

Il s'approche tout près de son père.

Jamais vous ne me comprendrez. Et jamais je ne vous comprendrai. Mais vous êtes mon père. Et je suis votre fils. Si vous me chassez, je ne reviendrai jamais. Je ne reviendrai jamais.

DAVID
That's your last word?

ÉMILE JEUNE
That's my last word.

Silence.

DAVID
(doucement)

You are my only son. And I love you. Quand tu es né, ta mère t'a déposé dans mes bras. Si tu savais... Un fils... Un fils d'immigré irlandais qui allait perpétuer son père, son grand-père, ses ancêtres... J'allais faire de toi un Nelligan! Droit sur ses pieds, le front haut, the King of the World! My son! Émile Nelligan, son of David Nelligan, grandson of Patrick Nelligan, from Ireland! Mais le travail m'amenait toujours au loin, je ne t'ai pas vu grandir. Et Irlandais tu n'es pas devenu. Et Irlandais tu n'es pas devenu. Tu m'as échappé et il n'y a plus rien en toi que je reconnais. Il n'y a plus rien en toi que je reconnais. Vraiment plus rien. Il n'y a plus rien qui te vienne de moi. Tu as choisi ta mère... la langue de ta mère... les idées de ta mère... Tu es un Hudon. Émile

Hudon, poète, fils d'Émilie Hudon. Pourquoi ne signes-tu pas ta poésie de ton vrai nom, Émile Hudon ? Tu n'es plus un Nelligan !

ÉMILE JEUNE

Vous me reniez ?

DAVID

Tu l'as fait avant moi.

ÉMILE JEUNE

En devenant poète ?

DAVID

En n'étant plus un Irlandais.

ÉMILE JEUNE
(doucement)

Je suis le fils de Baudelaire, de Rimbaud, de Verlaine, d'Edgar Poe.

DAVID
(il éclate)

Tu sais ce qu'on fait avec les gens comme toi ? Tu sais ce qu'on fait avec des fous comme toi ? Je peux te faire enfermer. Je peux décider de te faire enfermer. Payer pour qu'on me débarrasse de toi ! Plus de fou dans ma maison ! Plus de fou dans ma maison ! Plus de fou dans ma maison !

ÉMILE JEUNE

La seule chose que vous me dites en français, c'est que je suis fou...

DAVID

Oui, tu es fou...

ÉMILE JEUNE

Thank you, father... Thank you!

Émile jeune sort en courant.

DAVID

My son! My son!

GERTRUDE et ÉVA

C'est sans espoir... C'est bien fini...

SCÈNE 11

Chez Arthur de Bussières où Émile jeune s'est réfugié.
Émile jeune a bu; il est affalé dans un sofa. Arthur est près de lui.

ARTHUR

Tu peux rester aussi longtemps que tu voudras.

ÉMILE JEUNE

Quoi ?

ARTHUR

Tu peux rester... aussi longtemps que tu voudras.

ÉMILE JEUNE

Tu me garderais... avec toi ?

ARTHUR

Oui, voyons... bien sûr...
Tu nous vois, tous les deux, écrivant...
Tu nous vois, tous les deux, écrivant...

ÉMILE

Je nous vois...

ARTHUR et ÉMILE JEUNE

... tous les deux, écrivant...

ARTHUR

Oui, je nous vois...
Vivant sans un sou...
Parfois affamés, souvent ivres...
Je nous vois, pauvres mais heureux...

Heureux de vivre enfin comme de vrais
  poètes...
Je nous vois, tous les deux... lisant les poèmes
  de l'autre, discutant, riant et pleurant...
Heureux enfin...
L'exaltation sera notre pain de tous les jours !
Et nous inventerons des mondes fous... des
  mondes fous que nous partagerons.
Tu t'élèveras auprès de Baudelaire...
Tu t'élèveras auprès de Rimbaud...
Pendant que moi j'essaierai avec mon
  humble talent avec mon petit talent,
  de me hisser auprès de toi !
La joie de se savoir grand !
La joie de te savoir le plus grand !
Reste avec moi, Émile,
reste avec moi !
Le monde est à nous...
Le monde est à toi...
À toi et à moi !

SCÈNE 12

LA VOIX DE DAVID

Émile !

ÉMILE JEUNE

Entends-tu ?

LA VOIX D'ÉMILIE
Émile !

ÉMILE JEUNE
Ils arrivent ! Ils approchent ! Les loups !

ÉMILIE et DAVID
Émile !

Émile jeune se lève de son fauteuil.

ÉMILE JEUNE
Les loups ! Les loups ! Ils viennent m'achever ! Jamais ils ne nous laisseront en paix !

ÉMILE VIEUX
Plus d'écriture possible !

ÉMILE JEUNE
Plus de poésie !

ARTHUR
Plus d'exaltation ! Émile !

ÉMILE JEUNE
Les loups viennent !

David, Émilie, Gertrude et Éva entrent.

LES QUATRE
Émile !

ÉMILE JEUNE

Allez-vous-en !

ÉMILE VIEUX

Pars, sauve-toi d'ici !

LES QUATRE

Viens, Émile... Émile ! Émile !

Eugène Seers, Françoise et Charles entrent à leur tour.

LES TROIS

Émile ! Émile !

ÉMILE JEUNE

Mes amis ! Même mes amis ! Allez-vous-en, tous ! Vous m'étouffez ! Vous m'étouffez ! *(Il se précipite dans les bras d'Arthur.)* Aide-moi ! Ne m'abandonne pas à ton tour, Arthur !

LES SEPT

Il faut venir avec nous maintenant. Il faut venir avec nous maintenant.
Émile... Doucement, Émile...
Doucement... Doucement...

Émile vieux vient tirer Émile jeune des bras d'Arthur et le mène devant les sept autres.

ÉMILE VIEUX

Défends-toi ?

ÉMILE JEUNE
*(commence doucement,
mais s'enflamme assez vite)*

De quoi suis-je coupable ? Que me reprochez-vous ? (*Silence.*) Tout ce que j'ai fait c'est... noircir de petits cahiers, de petits poèmes qui étaient le reflet de mon âme, de ses douleurs ! De quoi suis-je coupable ? J'ai couché sur du papier blanc en des taches d'encre noire des douleurs d'adulte naissant ; j'ai décrit des vaisseaux d'or, des communiantes, des chapelles ruinées, des camélias et tout ça, c'était mon âme qui criait au secours, acceptez-moi, aimez-moi ! J'ai levé le poing, j'ai défoncé le ciel, je l'ai pulvérisé en milliers d'éclats d'or. J'ai essayé d'en parsemer mon chemin pour laisser une trace qu'on pourrait suivre, qu'on pourrait remonter jusqu'à moi et dont on pourrait dire : « Voilà, c'est de lui ! C'est de Nelligan ! C'est une œuvre de Nelligan ! C'est une œuvre de Nelligan ! On peut la reconnaître parce que c'est de Nelligan, de Nelligan, d'Émile Nelligan ! » Je suis coupable, je suis coupable de poésie !

Il tombe inconscient.
La religieuse revient en poussant devant elle le chariot de linge sale.

SCÈNE 13

Émilie est à son piano.
Elle joue du Chopin.
Elle s'arrête au milieu d'une mesure.

ÉMILIE

Rien. Je ne ressens plus rien. Les notes coulent sous mes doigts, la musique monte dans la maison comme autrefois, mais je ne ressens plus rien. La musique ne me soulage plus. Je reste vide malgré Chopin. Je reste vide. Émile est parti. Émile est parti loin d'ici, loin de moi. Je ne suis plus qu'une âme perdue. Je ne suis plus qu'une âme perdue. Le silence... La solitude... Le désespoir. La culpabilité.

Je pendrai aux fenêtres et aux carreaux des portes
D'épais rideaux de toile. Et je ferai en sorte
Que la maison se fige en un profond silence
Et qu'on n'y fête plus que l'horreur de l'absence.

Je vendrai le piano et ses splendeurs magiques
Je dois rester toute seule ! Sans fils et sans musique
Je me promènerai au plus profond du soir
Dans une maison vide en brisant les miroirs !

Qui est la dame en noir ? Qui est la dame
 en noir,
Celle qu'on voit si souvent rôder près du
 couvent
En se frappant le cœur, en sanglotant ?
C'est Émilie Hudon, la mère d'Émile Nelligan.

Et je revêtirai la folie de mon fils
Comme un trop lourd suaire. Vêtue de mon
 malheur
Vous me verrez partout porter la tête haute
La honte de mon geste et l'effroi de ma
 faute !

Ne lui parlez de rien et ne prenez pas garde
À la folle qui passe. Elle sait qu'on la regarde.
Du fond de sa douleur, il lui faudrait bien
 plus
Que la miséricorde pour éponger ses pleurs.

Qui est la dame en noir ? Qui est la dame
 en noir,
Celle qu'on voit si souvent rôder près du
 couvent
En se frappant le cœur, en sanglotant ?
C'est Émilie Hudon, la mère d'Émile
 Nelligan !

ÉMILE VIEUX

« C'était un grand Vaisseau taillé dans l'or
 massif :

Ses mâts touchaient l'azur, sur des mers
    inconnues ;
La Cyprine d'amour, cheveux épars, chairs
    nues,
S'étalait à sa proue, au soleil excessif.

Mais il vint une nuit frapper le grand écueil
Dans l'Océan trompeur où chantait la Sirène,
Et le naufrage horrible inclina sa carène
Aux profondeurs du Gouffre, immuable
    cercueil.

Ce fut un Vaisseau d'Or, dont les flancs
    diaphanes
Révélaient des trésors que les marins
    profanes,
Dégoût, Haine et Névrose, entre eux ont
    disputés.

Que reste-t-il de lui dans la tempête brève ?
Qu'est devenu mon cœur, navire déserté ?
Hélas ! Il a sombré dans l'abîme du Rêve ! »

Émile vieux prend le corps d'Émile jeune dans ses bras, se dirige vers le chariot de linge sale et le jette dedans.

Il sort lentement de scène en poussant le chariot.

NOIR

Ouvrages consultés :

Paul Wyczynski, *Nelligan, 1879-1941, Biographie*, Éditions Fides.

Bernard Courteau, *Nelligan n'était pas fou,* Louise Courteau éditrice.

ACHEVÉ D'IMPRIMER
EN JANVIER 2009
SUR LES PRESSES
DES IMPRIMERIES TRANSCONTINENTAL
POUR LE COMPTE DE
LEMÉAC ÉDITEUR,
MONTRÉAL

DÉPÔT LÉGAL
1re ÉDITION : 1er TRIMESTRE 1990
(ÉD. 01 / IMP. 03)